기초성경공부

- 성장을 위한 첫걸음 -

3

말씀보존학회

기초성경공부에 들어가면서

하나님은 어느 시대 누구에게나 자신의 구원계획을 받아들일 기회를 주셨습니다. 그러나 불행히도 대부분의 사람들은 구원계획을 거절했고, 그 결과 그들은 영원히 고통받게 될 것입니다.

예수 그리스도를 자신의 구세주로 영접한 것은 당신이 내릴 수 있는 가장 의미 있는 결정입니다. 지옥으로 갈 수밖에 없었던 당신은 이제 주 예수 그리스도와 함께 영원을 보내게 될 것입니다. 더 이상 헛된 삶을 사는 것이 아니라 영원을 바라보며, 살아야 할 이유와 목적을 갖게 된 것입니다. 내면의 공허함은 그분으로 인해 채워집니다.

마귀 또한 당신이 예수 그리스도 안에서 새로운 삶을 갖게 된 것을 알고 있습니다. 당신으로 하여금 하나님의 구원계획을 거부하도록 하려는 그의 노력은 좌절되었습니다. 그러므로 이제 마귀는 당신이 성장해서 하나님께 가까워지는 것과 당신의 삶 속에서 이루시고자 하는 하나님의 계획을 당신이 이행하는 것을 막기 위해 모든 노력을 다할 것입니다.

이 교재는 예수 그리스도 안에서 새로운 삶을 시작하는 그리스도인에게 도움을 주기 위해 만들어졌습니다. 각 과는 그리스도인과 하나님과의 관계가 무엇인지, 어떻게 그분과 교제하는지, 성경의 기본적인 원리들을 어떻게 자신의 삶에 적용하는지, 그리고 어떻게 하나님의 은혜를 영향력 있게 증거하고 간증할 수 있는지를 이해하는 데 도움을 줄 것입니다.

거듭난 그리스도인으로서의 연륜이 얼마나 되었는지에 관계없이, 당신은 본 교재의 각 과들을 온전히 이해함으로써 자신의 삶에 견고한 기반을 세우며 주 예수 그리스도 안에서 승리하는 삶을 누리는 데 도움을 얻을 수 있을 것입니다.

이 교재가 독자로 하여금 우리 주 예수 그리스도의 은혜와 지식 안에서 자라는 데 도움이 되기를 진심으로 기도합니다.

차 례

이 책에 인용된 성경 구절은 〈한글킹제임스성경〉입니다.

제 9 과 : 성도의 교제

"다른 그리스도인들과는 어떤 관계를 가져야 하나요?"

제1과에서 배운 바와 같이, 구원받았을 때 우리는 마귀의 가족에서 하나님의 가족으로 옮겨졌고, 영적으로 우리는 예수 그리스도 안에서 많은 형제들과 자매들을 갖게 되었습니다.

제8과에서 우리는 교회가 몸으로 비유되는 것을 배웠는데, 이 과에서는 우리가 속해 있는 영적인 가족들과의 특별한 관계에 대해 배울 것입니다. 이 과의 목적은 독자로 하여금 그리스도의 몸이 하나의 가족으로서 기능한다는 점을 이해시키기 위한 것입니다.

1. 나는 다른 그리스도인들과 어떤 관계를 가지게 되나요?

A. 그들은 예수 그리스도 안에서 우리의 형제들이요 자매들입니다. 분명히 이해해야 할 것은 다른 어떤 요소에도 상관없이 예수 그리스도 안에 있는 사람들(구원받은 사람들)만이 우리의 "형제들"이라는 사실입니다. 다시 말하면 예수 그리스도 안에 있지 않은 사람들(구원받지 않은 사람들)은 다른 어떤 요소에도 관계없이 우리의 형제가 아닌 것입니다.

로마서 8:29

요한일서 3:1-3

로마서 9:8

히브리서 2:9-12

B. 그들은 예수 그리스도를 섬기기 위한 동료 일꾼들입니다.

고린도전서 3:5-10

2. 다른 그리스도인들에게 나는 어떤 의무를 가져야 하나요?

A. 서로를 위해 기도해야 합니다. 바울의 거의 모든 서신은 그의 서신을 받아 볼 사람들을 위한 기도로써 시작됩니다.

데살로니가전서 1:2,3

디모데후서 1:3

B. 서로를 섬겨야 합니다.

1) 물질적인 면에서

· 가까이 있는 그리스도인들에서부터

갈라디아서 6:10

로마서 12:13

· 다른 지역에 있는 그리스도인들까지

사도행전 11:27-30

2) 영적인 면에서

갈라디아서 6:1,2

로마서 15:1,2

히브리서 13:3

C. 서로를 격려하고 세워주어야 합니다.

데살로니가전서 5:11

D. 겸손함으로 서로를 섬겨야 합니다.

빌립보서 2:3,4

마태복음 20:25-28

3. 다른 그리스도인들에 대한 기본자세는 무엇인가요?

A. 기본적인 자세는 그들을 사랑하는 것입니다.

요한일서 3:14-16

베드로전서 4:8

B. 그들에 대해서 인내해야 합니다.

로마서 15:5-7

C. 그들의 필요에 민감해야 합니다.

요한일서 3:17,18

야고보서 2:15,16

D. 서로를 용서해야 합니다.

에베소서 4:32

골로새서 3:13

4. "교제"란 무엇인가요?

A. "교제"란 그리스도인들이 자주 사용하는 용어로서 어떠한 활동을 위해 모이는 것이나 공통된 관심들을 나누는 시간을 의미합니다. 그러나 이것은 참된 교제의 작은 부분에 불과합니다. 교제를 통해 어떤 것들을 나누는 것이 사실이지만, 참된 성경적 교제는 단순히 함께 식사를 하거나 어떤 활동을 하는 것보다 훨씬 높은 차원의 것으로서, 다른 성도들과 주 예수 그리스도의 인격을 통하여 삶을 나누는 것을 의미합니다.

빌립보서 1:3-6

빌립보서 2:1,2

B. 참된 성경적 교제에 있어서 중요한 요소는 사회적 지위나 친

분, 이해관계 등과 같은 육신적인 것이 아니라, 인격적인 특성을 나타내는 영적 조건입니다.

1) 겸손 - *빌립보서 2:3-8*

2) 정직 - *에베소서 4:25*

고린도후서 4:2

3) 사랑 - *요한복음 13:35*

갈라디아서 5:13-15

4) 친절 - *디도서 1:8*

사도행전 2:42,46,47

C. 참된 교제의 범주는 특히 다음과 같은 것들을 포함합니다.

1) 기도 - *고린도후서 1:11*

2) 믿음 - *로마서 1:12*

3) 섬김 - *고린도후서 8:4*

갈라디아서 2:9

4) 고난 - *빌립보서 3:10*

베드로전서 4:13, 5:1

D. 다른 성도들과의 적절한 교제를 갖기에 앞서 주님과 개인적인 교제를 가져야 합니다.

요한일서 1:3-7

고린도전서 1:9,10

5. 기본 질문

A. 다른 그리스도인이 나의 감정을 상하게 했을 때 어떻게 해야 하나요?

불행하게도, 예수 그리스도 안의 형제, 자매들 사이에서도 종종 이러한 일이 발생할 것입니다. 육신의 가족의 경우와 마찬가지로, 그리스도의 몸 안에서도 때로는 성나게 하거나 상처를 입히거나 서로 의견이 불일치하는 경우가 있을 것입니다. 이러한 일이 일어났을 때, 그리고 그것을 어떻게 처리해야 할지 알지 못할 때, 성경은 그 문제를 어떻게 해결해야 하는지에 대한 원칙을 제시해 줍니다.

1) 그 문제를 <u>먼저</u> 상대방에게 개별적으로 이야기하고, 두 사람 사이에서 해결하도록 노력하십시오.
   마태복음 18:15

2) 만약 그 문제가 둘 사이에서 해결되지 않는다면 중재를 위해 교회의 지도자에게 가십시오.
   마태복음 18:16

고린도전서 6:1-5

3) 그리스도의 몸 안에서 일어난 문제를 세상으로 가지고 가지 말아야 합니다.

고린도전서 6:6

4) 그래도 그 문제가 해결되지 않는다면

a. 개인적으로 그 불의한 일을 받아들이십시오.

고린도전서 6:7,8

b. 상황을 주 예수 그리스도께 맡기십시오. 그분께서 의롭게 해결하실 것입니다.

베드로전서 2:19-23

c. 그 형제를 용서하십시오.

골로새서 3:13

d. 그 형제를 위해 기도하십시오.

마태복음 5:43-48

로마서 12:14

복 습 문 제

1. 그리스도인은 다른 그리스도인들과 기본적으로 어떤 관계를 갖습니까?

   A.

   B.

2. 그리스도인이 다른 그리스도인들에게 가져야 하는 네 가지 의무를 나열하고 각각에 대해 가장 적절한 성경 구절을 쓰십시오.

   A.

   B.

   C.

   D.

3. 다른 그리스도인들에 대해 가져야 할 네 가지 자세를 나열하고 각각에 대해 가장 적절한 성경 구절을 쓰십시오.

   A.

   B.

C.

D.

4. "교제"의 의미를 간단히 설명하십시오.

5. 성경적인 교제의 핵심적인 요소는 그것이 사회적 지위나 친분, 이해관계 등과 같은 ________ 것이 아니라, 인격적인 특성을 나타내는 ________ 조건이라는 점입니다.

6. 다른 성도들과 참된 교제를 갖기 위해 그리스도인의 삶에 필요한 네 가지 인격적 특성을 들어 보십시오.

A.

B.

C.

D.

7. 참된 교제의 네 가지 범주를 들고 각각에 대한 성경적인 근거를 제시하십시오.

   A.

   B.

   C.

   D.

8. 아래의 내용은 참입니까, 거짓입니까?

   • 그리스도인의 성경적인 교제는 구원받지 않은 사람과도 가능하다. ______

   • 다른 그리스도인들과의 교제를 가지기 전에 예수 그리스도와의 교제가 이루어져야 한다. ______

9. 다른 그리스도인이 내 감정을 상하게 했을 경우 그것을 해결할 때 기억해야 할 세 가지 원칙을 나열하십시오.

   A.

   B.

C.

10. 그래도 문제가 해결되지 않는다면 어떻게 해야 합니까?

11. 이 과의 목적을 간단히 설명하십시오.

♣ 암 송 구 절

에베소서 4:32

요한일서 3:14,15

요한일서 1:7

제 10 과 : 헌 금

"헌금의 의미는 무엇이며 반드시 드려야 하는 것인가요?"

오늘날 기독교 내에서 헌금만큼 논쟁점이 되는 주제도 없을 것입니다. 너무나 많은 목적들을 위해 헌금할 것을 그리스도인들이 강요받기 때문입니다. 뿐만 아니라 헌금만큼 그리스도인들 사이에서 잘못 이해되고 있는 것도 없을 것입니다.

신약 성경이 헌금에 대해 가르치는 바를 바르게 이해하기 전에 분명히 인식해야 할 것은 <u>하나님께서 원하시는 것이 당신의 돈이 아니라는</u> 점입니다. 그분은 모든 것의 주인이시기 때문입니다.

이번 과는 자신의 물질뿐만 아니라 자신의 인생에 대한 청지기로서 그리스도인의 의무에 대해 다룰 것입니다.

1. 다른 것을 드리기에 앞서 먼저 자기 자신을 기꺼이 하나님께 드려야 합니다.

A. 하나님께서는 값을 치르고 우리를 사셨으므로 우리는 그분께 속해 있습니다.

고린도전서 6:19,20

B. 하나님께서는 단지 물질만이 아니라 우리의 몸을 산 제물로 드리라고 명하십니다.

로마서 12:1

C. 드리는 것을 통해 하나님께 복을 받으려면, 물질적으로 드리는 것보다 자원하는 마음과 하나님을 섬기기 위해 자신의 삶을 드리는 것이 반드시 앞서야 합니다.

고린도후서 8:3-5,12

2. 드려야 하는 이유는 무엇인가요?

A. 예수 그리스도께 대한 신실한 사랑을 입증하기 위해서입니다.

고린도후서 8:8

B. 다른 일들에 대해서도 은혜가 넘치게 합니다. 특별한 재능이나 능력이 필요한 것이 아니라 단지 은혜가 필요한 것입니다.

고린도후서 8:6,7

고린도후서 9:8

C. 그것은 영원한 부에 대한 투자이며, 사라져 버릴 지상의 부로부터 우리의 눈을 멀어지게 해 줍니다.

빌립보서 4:17

마태복음 6:19-21

D. 드리는 것으로 가장 유익을 얻는 사람은 바로 자신입니다.

사도행전 20:35

3. 어디에 드려야 하나요?

A. 우선적으로는 바로 자신이 속한 지역 교회에 드려야 합니다. 신약성경에서 모든 헌금은 지역 교회의 사역을 위해 드려지고 또 쓰입니다. *고린도전서 16:1-3*은 이를 가장 잘 나타내 주는 구절입니다.

B. 누구나 지역 교회 외의 대상을 위해 자신이 가진 물질을 사용할 수 있으며, 하나님께서는 그것을 사용하고 축복하기도 하십니다. 그러나 분명히 인식해야 할 것은 하나님의 계획의 중심이 지역 교회라는 사실입니다. 지역 교회 이외의 대상을 위해 내가 희생하는 것이, 하나님께서 나로 하여금 교회를 위해 바치기를 원하시는 것들을 희생하면서 이루어져서는 안 됩니다. 이것은 돈뿐만 아니라 시간과 노력에 있어서도 동일한 원칙입니다.

4. 나의 헌금은 어떻게 사용되나요?

A. 교회의 지도자를 지원하는 데

고린도전서 9:13,14

갈라디아서 6:6

디모데전서 5:17,18

B. 교회가 지원하고 있는 다른 하나님의 사역을 위해

빌립보서 4:15,16

C. 교회 내의 경제적 능력이 없는 사람들 중 신약성경이 규정한 신실한 사람들로 입증된 사람들을 돕는 데

사도행전 6:1

디모데전서 5:9,10,16

D. 교회의 지도자들이 지원하기로 결정한 일들을 위해

고린도후서 8:4

사도행전 11:27-30

5. 무엇을 드려야 하나요?

우리의 삶을 드려야 합니다. 하나님께 드리는 것은 자원하는 마음으로, 주 예수 그리스도를 사랑하기 때문에 드리는 것이어야 합니다.

A. 십일조

구약에서 유대인들은 그 율법에 의해 수입의 일정한 부분을 드리도록 되어 있었습니다. "십일조"는 한 사람의 수입의 10분의 1을 의미하는 것이고, 그 외에도 유대인들은 하나님을 섬기기 위한 다양한 일을 위해 자원하여 드리는 예물을 드렸는데, 그렇게 함으로써 그들이 바친 것은 실제로 10%를 넘었습니다.

역대기하 31:11,12

신명기 12:5-7

B. 신약교회가 구약의 율법에 얽매이지는 않지만, 구약의 원칙은 하나님과의 관계에 있어서 우리가 따를 수 있는 어떤 모범을 보여 줍니다.

고린도전서 10:11

로마서 15:4

6. 드리는 삶의 세 단계

A. 정해 놓은 대로

영적으로 어린 그리스도인은 삶의 모든 영역에서 훈련을 쌓는 것이 중요한데, 자신의 수입에서 10%를 드리기로 정해 놓는 것은 그러한 훈련을 쌓는 데 도움을 줍니다.

B. 기쁨으로

주 안에서 성장함에 따라 정해 놓은 분량에서 더 나아가는 태도가 형성되며, 그럼으로써 기쁜 마음으로 드리는 은혜가 삶 속에서 넘칠 것입니다.

드리는 것에 대한 신약적 원리가 *고린도후서 9:7*에 기록되어 있습니다.

1) "각 사람이 미리 마음속에 정한 대로" - 하나님께 드리는 것은 하나님과 당신 사이의 문제입니다.

2) "인색함이나 억지로 하지 말아야 하리니" - 잘못된 자세로 드린다면 하나님의 은혜를 경험할 수 없을 것입니다.

3) "억지로 하지 말아야 하리니" - 우리는 십일조를 비롯해 어떤 율법에 매여 있는 것이 아닙니다.

4) **"하나님께서는 기쁨으로 드리는 자를 사랑하심이니라"**

C. 헌신적으로

그리스도인이 성숙하면 헌신적으로 하나님께 드리게 될 것입니다. 사람이 자신의 능력보다 넘치게 하나님께 드릴 때 그는 하나님을 위해 무엇인가를 희생하는 것입니다. 이러한 수준까지 이르렀을 때, 그는 드리는 삶이 가져다주는 은혜를 가장 풍성하게 체험할 것입니다.

고린도후서 8:3

사무엘하 24:24

7. 그 밖의 원칙들

A. 하나님께서 번성케 하신 대로 드리십시오. 다른 사람들이 하는 것에 관심을 갖지 말고, 단지 하나님께서 당신에게 복 주신 대로 하나님께 드리십시오.

고린도전서 16:2

고린도후서 8:12

B. 심는 대로 거둔다는 원칙을 기억하십시오.

고린도후서 9:6

갈라디아서 6:7-9

C. 신약적 의미의 참된 드림은 단순한 "십일조"를 넘어서는 것으로서, 자신의 삶과 재물의 주권을 완전히 예수 그리스도께 내어드리는 것입니다. 만약 자신의 삶을 하나님께 드렸다면 자신이 가진 것들도 하나님의 것입니다. 이러한 원칙은 돈에 대한 것뿐만 아니라 시간이나 노력에 있어서도 적용될 수 있습니다.

1) 하나님의 계획은 우리로 하여금 주 예수 그리스도의 형상을 본받게 하는 것입니다.

로마서 8:29

2) 하나님의 중요한 성품 중 하나는 바로 주는 것인데, 그것은 주 예수 그리스도를 통해 나타난바 되었습니다.

요한복음 3:16

요한일서 4:10

고린도후서 8:9

3) 성경의 원칙에 따라서 드리는 것은 자신의 삶 속에서 주 예수 그리스도의 성품을 드러내는 것으로, 자신을 통해 하나님

을 영화롭게 하는 것입니다.

고린도후서 9:8-15

역대기상 29:8-13

8. 기본 질문

A. 올바른 것을 드린 것인지, 드린 돈과 시간이 하나님께서 원하시는 대로 사용되고 있는지를 어떻게 확신할 수 있나요?

1) 지역 교회를 위해, 또 지역 교회가 하는 일을 중심으로 당신의 시간과 돈과 섬김을 드리십시오. 지역 교회는 이 시대를 위해 하나님께서 세우신 기구이기 때문입니다.

2) 대부분의 교회들은 재정적인 문제를 몇몇의 사람들에게 맡기고 있습니다. 만약 당신이 지역 교회를 선택할 때 하나님의 인도하심을 간절히 구했고 또 하나님의 말씀을 충실하게 따랐다면 재정적인 문제에 있어서 교회의 지도자를 신뢰해야 합니다. 만약 교회의 재정이 성경적으로 사용되고 있지 않다고 생각할 만한 타당한 이유가 있다면 재정을 맡은 사람들에게 이야기하십시오. 그래도 그 일에 대해 만족할 만한 답변

이 제시되지 않는다면 다른 교회를 찾기 위해 기도할 것을 고려해야 할 것입니다.

고린도후서 8:20,21

복 습 문 제

1. 하나님께서 우리의 물질을 필요로 하시지 않는 이유는 무엇입니까?

2. 주님의 사역에 물질을 드리기 이전에 먼저 우리 자신을 드려야 합니다. 여기에 대한 세 가지 이유를 나열하십시오.

   A.

   B.

   C.

3. 우리가 가진 것을 하나님께 드려야 하는 세 가지 이유를 나열하십시오.

   A.

   B.

   C.

4. 그리스도인은 우선적으로 지역 교회에 자신의 시간과 섬김과 물질을 드려야 합니다. 그 이유를 간단히 설명하십시오.

5. 지역 교회가 물질을 사용해야 하는 네 가지 범주를 나열하고, 각각에 대한 성경 구절을 제시하십시오.

   A.

   B.

   C.

   D.

6. 그리스도인이 하나님께 드리는 것은 ____________________으로 드리는 것이어야 합니다. 그 이유는 무엇입니까?

7. 하나님께 드리는 것의 세 가지 차원을 나열하십시오.

   A.

   B.

   C.

8. "십일조"는 그리스도인을 대상으로 정해진 율법은 아닙니다. 십일조를 드리는 대신, *고린도후서 9:7*에서 말하는 드리는 자의 네 가지 자세는 무엇입니까?

A.

B.

C.

D.

9. 만약 하나님께 우리의 _______을 드렸다면, 그분께 우리의 _______도 드려야 합니다.

10. 신약적 의미에서의 참된 헌금(또는 드리는 것)은 어떤 것입니까?

11. 하나님께 드림으로 가장 유익을 얻는 것은 하나님입니까, 교회입니까, 목사입니까, 아니면 드리는 사람 자신입니까?

12. 이 과의 목적을 간단히 설명하십시오.

♣ 암 송 구 절

고린도후서 9:7

마태복음 6:21

고린도후서 8:9

◆ **주의할 점 :** 많은 설교자들이 하나님께 드리는 것에 대해 다음과 같이 가르치고 있습니다.

1. 그리스도인은 하나님께 무엇보다도 돈을 드려야 한다.
2. 그리스도인은 선한 목적을 위한 모든 일을 후원해야 할 의무가 있다.
3. 당신이 바치지 않는다면 하나님의 사역은 곤란해질 것이다.

이 과에서 배운 성경의 가르침에 따라 이러한 교리들이 잘못되었다는 점을 알아야 하며 또 그 이유에 대해서도 알아야 합니다.

이 과의 주제와 관련된 질문을 적어보십시오.

NOTES

제 11 과 : 돈과 재산

"돈과 재산에 대해서 어떤 태도를 가져야 하나요?"

우리 사회에서 그리스도인이 직면하는 큰 유혹 가운데 하나는 바로 물질만능주의입니다. 물질만능주의는 우리로 하여금 물질적인 풍요가 성공의 척도라고 생각하게 하지만, 실제적으로 사람의 성공은 앞에서 보았듯이 하나님께서 그 사람의 삶을 향해 갖고 계신 계획을 얼마나 잘 성취하느냐에 달려 있는 것입니다.

성경은 물질적인 소유에 대한 우리의 자세에 관해 많은 부분을 할애해서 다루고 있습니다. 따라서 이 과의 목적은 독자들로 하여금 하나님께서 이 문제를 어떻게 다루기 원하시는지를 성경을 통해 알게 하는 것입니다.

1. 하나님을 기쁘시게 하기 위해 부유해질 필요도, 가난하게 될 필요도 없습니다.

A. 이 점을 이해하는 것은 매우 중요합니다. 영적인 문제는 부유함이나 가난함으로 측정되는 것이 아닙니다. 성경의 어느 부분을 보더라도 하나님께서 물질을 많이 가졌다는 이유만으로 어느 누구를 정죄하신 적은 없습니다. 그 대신 그분께서는 그들의 마음 자세를 다루셨습니다.

B. 성경은 돈이 모든 악의 뿌리라고 하지 않았고 『돈을 사랑하는 것이 모든 악의 뿌리』(디모데전서 6:10)라고 했습니다.

C. 성경의 많은 위대한 인물들은 부유했습니다.

1) 솔로몬은 역사상 가장 부유한 사람이었습니다. 그러나 부에 대해 그가 내린 결론을 보십시오.

전도서 12:13,14

2) 욥은 당대에 가장 부유한 사람이었습니다(욥기 1:3). 그러나 그가 모든 소유를 잃고 나서 취한 자세를 보십시오.

욥기 1:20-22

2. 어떤 경우에 돈과 재산이 하나님과의 관계를 방해하나요?

A. 하나님을 신뢰하기보다 재물을 더 신뢰할 때

마가복음 10:23-27

잠언 11:4,28

B. 우리가 하늘의 소유보다 땅의 소유에 더 관심을 둘 때

마태복음 6:19-21

골로새서 3:1-4

C. 물질적인 소유로 자신이나 다른 사람의 영적인 면, 또는 하나님의 축복이 측정될 수 있다고 생각할 때

누가복음 12:15

사무엘상 16:7

D. 보다 많은 돈을 모으는 것이 삶의 목적이 될 때

잠언 23:4

전도서 5:10-12

E. 자기의 필요를 하나님께서 채워 주시는 것이 아니라 스스로 채우는 것이라고 생각할 때

빌립보서 4:19

신명기 8:10-18

3. 물질적인 소유에 대해 가져야 하는 올바른 자세는 무엇인가요?

A. 무엇보다도 지금 가진 것에 만족해야 합니다. 그러나 이것은 현재의 상태를 마지못해서 운명적으로 받아들이는 것을 말하지 않습니다. 하나님께서 공급해 주신 축복들을 깨닫고 하나님의 공급해 주심에 만족하며 안식하라는 것입니다.

1) 지금의 소유에 만족해야 합니다.

히브리서 13:5

디모데전서 6:8

2) 어떠한 처지에 있든지 간에 주 예수 그리스도 안에서 안식함으로 만족해야 합니다.

빌립보서 4:11 (이 글은 바울이 감옥에 갇혀 있는 동안 썼다는 것을 기억하십시오.)

B. 돈으로 살 수 없고 돈보다 훨씬 더 중요한 것들이 많이 있음을 기억하십시오.

1) 지혜 - *잠언 16:16*

2) 의로운 삶 - *잠언 28:6; 16:8*

시편 37:16

3) 편안한 잠 - *전도서 5:12*

4) 하나님의 말씀 - *시편 119:14,72,127*

5) 건강 - *누가복음 8:43*

6) 안식과 평안 - *전도서 4:6*

잠언 15:16; 17:1

C. 하나님으로부터 물질적 축복을 받은 후에 그분을 잊어버리지 말아야 합니다.

신명기 6:10-12

잠언 30:7-9

요한계시록 3:17

D. 하나님께서 우리의 부를 취해 가신다 하더라도 그것이 하나님과의 관계에 영향을 미치지 않아야 합니다.

욥기 1:20-22

E. 다른 사람들의 부를 시기하지 말아야 합니다.

시편 49:16,17

출애굽기 20:17

F. “벼락부자”가 되고자 하는 계획들을 버려야 합니다.

잠언 20:21

잠언 28:20,22

G. 마지막으로, 이 시대의 문화가 방송이나 광고를 통해서 물질만능주의에 대해 엄청난 부정적 영향을 주고 있음을 기억하고, 영향받지 않도록 스스로를 지켜야 합니다. 그리고 우리가 원하는 것들이 물질적인 것이 아니라 영적인 것이 되도록 해야 합니다.

4. 돈과 소유에 대한 태도에 있어서 적절하게 균형을 유지해야 합니다.

다음의 구절들은 모순되는 것들이 아니라 물질적인 소유를 대하는 균형적인 원리를 보여줍니다.

1) 성경은 물질적인 필요에 대해서 염려하지 말라고 말하고 있지만(마태복음 6:25-34), 동시에 가족을 돌보지 않는 사람을 불신자들보다 더 악하다고 말합니다(디모데전서 5:8).

2) 성경은 "돈을 사랑하는 것이 모든 악의 뿌리"라고 말하는 한편, "일꾼이 그 삯을 받는 것은 마땅하다"(디모데전서 5:17, 18)고 말합니다.

5. 기본 질문

A. 하나님께서 우리에게 무엇을 공급하시나요?

1) 하나님께서는 우리에게 필요한 것들을 공급하실 것을 약속하셨습니다.

빌립보서 4:19

마태복음 6:25-34

2) 이 필요한 것들은 영적인 것뿐만 아니라 물질적인 것도 포함합니다.

3) 필요한 것들(needs)과 부족한 것들(wants)을 구별해야 하는데,

이것은 이 사회에서 특히 구별하기가 어렵습니다. 필요한 것들과 부족한 것들에 대해서 다음 구절들을 비교해 보십시오.

a. 필요한 것들

야고보서 2:15,16

히브리서 4:15,16

마가복음 2:25

b. 부족한 것들

시편 23:1

잠언 13:25

빌립보서 4:11

야고보서 1:4

복 습 문 제

1. 우리가 가진 것의 많고 적음이 하나님이 우리를 축복하시는지 에 대한 판단기준이 될 수 있습니까? ___________
간단히 설명하십시오.

2. *디모데전서 6:10*을 통해서 사람과 돈에 대해 무엇을 배울 수 있습니까?

3. 성경에서 지극히 부유했던 두 인물이 부에 대해서 다른 사람들과 다른 자세를 가지고 있었습니다. 어떤 점이 다른지를 적어 보십시오.

A. 솔로몬

B. 욥

4. 하나님과 우리와의 관계를 방해하는, 물질에 대한 다섯 가지 잘못된 자세를 나열하고 그와 관련된 성경 구절을 적으십시오.

A.

B.

C.

D.

E.

5. 물질적 소유에 대해 취해야 하는 가장 중요한 자세는 무엇입니까?

6. 다음 구절들에 나타난 자세들을 통해서 사도 바울이 우리에게 가르쳐 주는 바는 무엇입니까?

A. *히브리서 13:5*

B. *디모데전서 6:8*

C. *빌립보서 4:11*

7. 돈으로 살 수 없고 하나님만이 주실 수 있는 여섯 가지 중요한 것들을 나열하십시오.

   A.

   B.

   C.

   D.

   E.

   F.

8. 그밖에 돈과 재산에 대해서 취해야 하는 다섯 가지 자세를 나열하십시오.

   A.

   B.

   C.

   D.

   E.

9. 하나님께서는 우리가 필요로 하는 것들을 공급해 주시겠다고 약속하셨습니다. 우리가 필요로 하는 것들은 _______ 것뿐만 아니라 _______ 것도 됩니다. 필요로 하는 것들과 부족한 것들에 대한 예를 들되 개인적으로 찾은 것뿐만 아니라 앞에서 다룬 구절들도 사용해서 설명하십시오.

필요로 하는 것들 :

부족한 것들 :

10. 이 과의 목적을 간단히 설명하십시오.

♣ 암 송 구 절

빌립보서 4:11

빌립보서 4:19

골로새서 3:2

◆ **주의할 점 :** 많은 사람들이 물질적인 소유에 대해 다음과 같은 태도를 갖고 있습니다.

1. 물질적으로 충분한 부를 누릴 때 만족하게 될 것이다.
2. 부유한 사람들은 하나님께서 더욱 사랑하시기 때문에 그렇게 많은 복을 주신 것이다.
3. 부유한 사람은 부자가 되기 위해서 하나님의 법을 어겼음에 틀림없다.
4. 사람의 가치를 그가 소유한 물질로 판단할 수 있다.

이 과에서 배운 성경의 가르침에 따라 이러한 태도가 잘못되었다는 점을 알아야 하며 또 그 이유를 알아야 합니다.

이 과의 주제와 관련된 질문을 적어 보십시오.

제 12 과 : 죄에 대하여

"어떻게 죄를 극복할 수 있나요?"

구원받은 사람이 죄와 치르는 전쟁은 너무도 치열해서 세계 대전이 주일학교 소풍으로 보일 정도라고 한 유명한 설교자가 말한 적이 있습니다. 영적으로 어린 그리스도인은 이 말이 잘 실감나지 않을 수 있지만, 영적으로 성장하면 할수록 죄와의 싸움이 얼마나 치열한지를 깨달을 수 있을 것입니다.

제1과에서 간단히 살펴본 바와 같이 구원받았을 때 우리는 "두 사람"이 되었습니다. 아담의 형상 안에 있는 우리의 옛 사람은 죄의 본성을 가지고 있는 반면, 그리스도 예수 안에 있는 새 사람은 하나님의 형상을 갖고 있는 것입니다. 이 과는 독자로 하여금 옛 사람 안에 있는 죄의 본성과의 싸움에서 승리하게 하기 위한 것입니다.

1. 죄란 무엇인가요?

A. 죄는 하나님의 법을 어기는 것입니다.

요한일서 3:4

B. 죄는 불의입니다.

요한일서 5:17

C. 죄는 믿음으로 하지 않는 모든 것입니다.

로마서 14:23

2. 왜 죄를 짓게 되나요?

A. 아담으로부터 죄의 본성을 물려받았기 때문에 죄를 짓습니다.

로마서 5:12

고린도전서 15:45-49

B. 죄의 본성이 우리를 죄로 이끌기 때문에 죄를 짓습니다.

야고보서 1:13,14

로마서 7:14-25

C. 우리는 요한일서 2:15-16에서 말하는 세 가지 영역에서의 유혹으로 죄를 짓습니다. 예수님께서도 이 세 가지 영역에서 시험을 당하셨지만 히브리서 4:15에 나와 있는 대로 죄는 없으셨습니다. 우리가 죄를 지을 수 있는 세 가지 영역은 다음과 같습니다.

1) 육신의 정욕

이브는 창세기 3:6에서 선과 악의 지식의 나무가 "먹음직한" 것을 보았을 때 이 부분에서 유혹을 받은 것입니다. 마귀가 마태복음 4:3에서 예수님께 돌을 빵으로 만들도록 한 것은 이 부분에 대한 유혹이었습니다.

2) 안목의 정욕

이브는 그 나무가 "보기에 즐거워" 보였을 때 이 부분에서 유혹을 받았습니다. 마귀가 예수님께 세상의 왕국을 보여준

뒤 자기에게 경배하면 그것을 주겠다고 약속한 것도 이 안목의 정욕으로 유혹한 것입니다.

3) 생의 자랑

"현명하게 할 만큼 탐스러운" 것에 이브는 걸려 넘어졌습니다. 예수님께서는 높은 곳에서 뛰어내려서 천사들이 보호하는 것을 보여주게 하려는 마귀의 유혹을 이기셨습니다.

3. 하나님께서는 우리의 죄를 어떻게 보시나요?

A. 우리의 죄는 갈보리에서 하나님에 의해 심판받았습니다.

고린도후서 5:21

B. 만약 우리가 계속 죄 가운데 거하면 하나님께서는 아버지가 아들을 징계하시듯이 우리를 징계하실 것입니다.

히브리서 12:5-11

C. 하나님께서는 우리가 무엇으로 심었든지 심은 대로 거두도록 하십니다.

갈라디아서 6:7,8

4. 죄를 이기려면 어떻게 해야 하나요?

A. 우리가 짓는 죄는 다른 사람이 아니라 우리 자신의 잘못입니다. 자기가 지은 죄에 대한 자신의 책임을 인정해야 합니다. 그럴 때만이 그것을 고칠 수 있기 때문입니다.

잠언 28:13

B. 죄된 생각이 우리의 생각을 지배하지 않도록 해야 합니다.

고린도후서 10:5

C. 육신을 위해 계획하지 마십시오.

로마서 13:14

D. 예수 그리스도 안에서 우리가 죽었음을 인지하십시오. 죽은 사람은 죄를 지을 수 없습니다.

로마서 6:6-13

골로새서 3:1-10

E. 자신이 지은 죄를 심판하십시오. 그것이 죄라는 사실에 대해 하나님께 동의하십시오.

고린도전서 11:31,32

F. 하나님께 죄들을 자백하십시오.

요한일서 1:9

G. 죄와 싸우기 위해서 하나님의 말씀을 마음에 간직하십시오.

1) *고린도전서 10:13*에서 하나님께서는 유혹으로부터 피할 길을 주신다고 말씀하셨습니다.

2) 피할 길은 *시편 119:9-11*에서 발견할 수 있습니다. 그것은 바로 하나님의 말씀입니다.

3) 예수 그리스도께서는 성경을 인용하심으로써 시험을 이기셨습니다.

4) 우리의 삶에서 죄를 극복하는 유일하고도 확실한 방법은 하나님의 말씀의 능력에 의지하는 것입니다. 마음에 간직한 하나님의 말씀을 당신의 삶에 적용하십시오.

H. 당신을 깨끗케 해주시며, 당신이 싸우는 싸움을 대신 싸워 주시겠다고 하신 하나님의 약속을 신뢰하십시오.

고린도후서 7:1

히브리서 4:15,16

I. 성령님의 능력 가운데 행하십시오.

갈라디아서 5:16-25

로마서 8:1-8

5. 기본 질문

A. 죄 많은 세상이 미치는 엄청난 영향력에서 어떻게 자신을 지

킬 수 있나요?

1) 죄와 연관된 일에 연루되지 마십시오. 물론 구원받지 못한 사람들을 구령하기 위해 그들과 어울려야 하지만, 그들의 죄에는 연루되지 말아야 합니다.

에베소서 5:5-12

2) 세상의 방법들을 따르는 데서 성별되어 주 예수 그리스도를 따르십시오.

고린도후서 6:14-18

야고보서 4:4

3) "성별"은 또한 적극적 행동임을 인식하십시오. 세상으로부터 분리되어 나올 뿐만 아니라 복음을 전하기 위하여 성별되어야 하는 것입니다.

로마서 1:1

복 습 문 제

1. 죄의 세 가지 정의를 쓰십시오.

   A.

   B.

   C.

2. 왜 죄와 싸워야 합니까?

   A.

   B.

3. *로마서 7:14-25*에서 사도 바울이 말하고자 하는 바가 무엇인지 간단하게 써 보십시오.

4. 모든 죄는 *요한일서 2:16*에서 말하는 세 가지 영역 중 하나로부터 발생합니다. 죄의 세 영역을 나열하십시오.

   A.

B.

C.

5. 위에 나열한 죄의 영역들을 *창세기 3:6*에서 이브가 보았던 세 가지 것과 맞추어 보십시오.

A.

B.

C.

6. *마태복음 4:3-11*에 나오는 예수님께 대한 마귀의 세 가지 유혹을 위의 영역과 맞추어 보십시오.

A.

B.

C.

7. 하나님께서는 우리의 죄를 어떻게 보십니까?

A.

B.

C.

8. 자기가 지은 죄에 대해 책임을 져야 하는 이유는 무엇입니까?

9. 다음 구절들을 통해 얻을 수 있는 교훈들을 간단히 설명하십시오.

A. *로마서 13:14*

B. *고린도전서 11:31,32*

C. *요한일서 1:9*

D. *고린도후서 7:1*

10. 예수 그리스도께서는 성경 구절을 인용함으로써 마귀의 유혹을 물리치셨습니다(마태복음 4:3-11). 이 문제에 대해 다음의 구절들이 우리에게 가르쳐 주는 바는 무엇입니까?

A. *고린도전서 10:13*

B. *시편 119:11*

11. 우리의 삶 가운데서 죄 많은 세상의 영향력을 최소화할 수 있는 세 가지 방법은 무엇입니까?

    A.

    B.

    C.

12. 이 과의 목적을 간단히 설명하십시오.

♣ 암 송 구 절

시편 119:11

히브리서 4:15

로마서 6:11

◆ **주의할 점 :** 오늘날 많은 교회에서 다음과 같은 교리를 가르치고 있습니다.

1. "큰 죄"가 있고 "작은 죄"가 있다.
2. 때로 다른 사람이 우리로 하여금 죄를 짓도록 만들기 때문에 어쩔 수 없이 죄를 짓는다.
3. 우리의 죄를 다른 사람에게 고백하면 용서받을 수 있다.
4. 죄를 많이 지으면 구원을 잃어버릴 수도 있다.
5. 구원받은 후에도 "사망에 이르는 죄," 즉 "용서받을 수 없는 죄"를 저지를 수 있다.

이 과에서 배운 성경적인 가르침에 따라 이러한 교리가 잘못되었다는 점을 알아야 하며 또 그 이유를 알아야 합니다.

이 과의 주제와 관련된 질문을 적어 보십시오.

기초성경공부 3

- 성장을 위한 첫걸음 -

초판1쇄 1995년 9월 30일
초판5쇄 2020년 7월 10일

지은이 / 편 집 부
발행인 / 이 송 오

발 행 처 / 말씀보존학회
출판등록 / 1988. 12. 12. 제16-223호
주 소 / 서울 강서우체국 사서함 제90호
전 화 / (02) 2665 - 3743
팩 스 / (02) 2665 - 3302
인 터 넷 / www.biblemaster.co.kr

잘못된 책은 바꿔 드립니다.

값 3,000 원